Stephen Janetzko

Viel Glück und viel Segen - Das Liederbuch

13 leicht lernbare Lieder für Geburtstage, den Kindergarten, für Gottesdienste, die Schule & Zuhause

Das Liederbuch mit allen Texten, Noten und Gitarrengriffen zum Mitsingen und Mitspielen

Neue religiöse Kinderlieder von Stephen Janetzko

Copyright © 2016 Verlag Stephen Janetzko, Erlangen
www.kinderliederhits.de
Alle Lieder verlegt bei Edition SEEBÄR-Musik Stephen Janetzko, Erlangen
Online-Shop im Internet unter www.kinderlieder-shop.de
Verwendung der Original-Buchcovers mit Genehmigung - Covergrafik: Stephen Janetzko
Notensatz, grafische Vorbereitung und Idee: Stephen Janetzko
All rights reserved.

ISBN-10: 3957222427

ISBN-13: 978-3-95722-242-8

Inhaltsverzeichnis

Lied:	**Seitenzahl:**
Komm herein, Geburtstagskind	4
Komm herein, Geburtstagskind (Version "Alles Gute")	*5*
Auf allen Wegen (Segenslied - 2-stimmiger Kanon)	6
Dank sei dir	7
Ein bunter Regenbogen (2-stimmiger Kanon)	8
Danke, Gott (für die schöne Welt)	9
Ich breite meine Flügel aus (Schmetterlingslied und -tanz)	10
Gemeinsam sind wir stark	11
Ein kleines Bienchen	12
Wir feiern jetzt ein Fest (und alle sind dabei!)	13
In Gottes Welt, da ist es schön (Jahreszeiten-Lied)	14
Nach oben, nach unten!	15
Joe, der Astronaut	16
Ich liege auf der Wiese (Kinder-Entspannungslied)	17

Die CD zum Buch:
CD „Viel Glück und viel Segen"
- 13 leicht lernbare Lieder für Geburtstage, den Kindergarten, für Gottesdienste, die Schule & Zuhause
von & mit Stephen Janetzko

Best.-Nr. 08-glueck,
(nur als *Sonderanfertigung oder* **Download erhältlich)**

Komm herein, Geburtstagskind

Text und Musik: Stephen Janetzko;
© Edition SEEBÄR-Musik Stephen Janetzko, www.kinderliederhits.de

Vorspiel:
Wer steht dort an der Tür?
Und wär so gerne hier?
Wer wartet schon so lang?
Und hört unsern Gesang?

Refrain:
Komm herein, Geburtstagskind,
weil die Feier jetzt beginnt!
Komm herein, Geburtstagskind,
tritt jetzt ein geschwind!

Klatscht für das Geburtstagskind!
Schön, dass wir zusammen sind!
Gottes Segen wünschen dir (1)
alle Kinder hier! (2)

In anderem Kontext:
(1) alternativ: Nur das Beste wünschen dir
(2) alternativ: alle Leute hier!

Spielanregung:
Ein Lied, um das Geburtstagskind zu seiner Feier hereinzurufen. Zum Einstieg in die Geburtstagsfeier z.B. im Kindergarten oder zu Hause wartet das Geburtstagskind vor der Tür, während das Fest oder der Tisch hergerichtet werden. Mit dem Lied rufen wir das Geburtstagskind zu uns. Auf "Komm herein..." darf das Geburtstagskind eintreten, auf "Klatscht..." klatschen alle mit und applaudieren dem Geburtstagskind.

Komm herein, Geburtstagskind

Text und Musik: Stephen Janetzko;
© Edition SEEBÄR-Musik Stephen Janetzko, www.kinderliederhits.de

Vorspiel:
Wer steht dort an der Tür?
Und wär so gerne hier?
Wer wartet schon so lang?
Und hört unsern Gesang?

Refrain:
Komm herein, Geburtstagskind,
weil die Feier jetzt beginnt!
Komm herein, Geburtstagskind,
tritt jetzt ein geschwind!
Klatscht für das Geburtstagskind!
Schön, dass wir zusammen sind!
Alles Gute wünschen dir
alle Kinder hier!

Spielanregung:
Ein Lied, um das Geburtstagskind zu seiner Feier hereinzurufen.
Zum Einstieg in die Geburtstagsfeier z.B. im Kindergarten oder zu Hause wartet das Geburtstagskind vor der Tür, während das Fest oder der Tisch hergerichtet werden. Mit dem Lied rufen wir das Geburtstagskind zu uns.
Auf "Komm herein..." darf das Geburtstagskind eintreten, auf "Klatscht..." klatschen alle mit und applaudieren dem Geburtstagskind.

Hinweis:
Version "Alles Gute"

Auf allen Wegen

Text und Musik: Stephen Janetzko; CD "Danke Gott"
© Edition SEEBÄR-Musik Stephen Janetzko, www.kinderliederhits.de

Auf allen Wegen, auf allen Wegen,
gehn mit Deinem Segen.
Auf allen Wegen, auf allen Wegen,
gehn mit Deinem Segen.

Hinweis: Als Kanon zu 2 Stimmen.

Alternativ können wir auch singen:

Auf allen Wegen, auf allen Wegen,
gehn mit Gottes Segen.
Auf allen Wegen, auf allen Wegen,
gehn mit Gottes Segen.

Dank sei dir

Text: Werner Schaube; Musik: Stephen Janetzko; CD "Viel Glück und viel Segen" / CD "Zum Gottesdienst willkommen" © Edition SEEBÄR-Musik Stephen Janetzko, www.kinderliederhits.de

1. Dank sei dir, Gott, unser Vater: für die Welt, die du uns geschaffen, für den Tag und für die Nacht. Alles Leben auf der Erde - durch dein Wort gemacht.

2. Dank sei dir, Gott, unser Vater:
für die Erde, die wir bewohnen,
für das Glück und für das Leid.
Alle Menschen auf der Erde -
durch dein Wort befreit.

Ein bunter Regenbogen (Kanon)

Text: Rolf Krenzer; Musik: Stephen Janetzko; CD "Danke Gott"
© Edition SEEBÄR-Musik Stephen Janetzko, www.kinderliederhits.de
Tempo: ca. 180

1. Ein bun-ter Re-gen-bo-gen ist ü-ber`s Land ge-zo-gen.
Die Son-ne scheint auf`s Gras, das noch vom Re-gen nass.

2. Ein bunter Regenbogen ist über`s Land gezogen.
   Und alle bleiben stehn, um ihn sich anzusehn.

3. Ein bunter Regenbogen ist über`s Land gezogen,
   damit ihr`s alle wisst, daß Gott uns nicht vergisst.

Singanregung:
Das Lied kann als 2-stimmiger Kanon gesungen werden,
wobei in der Mitte geteilt wird.
Wenn ihr es nicht als Kanon singt, so könnt ihr auch
die zweite Zeile jeder Strophe doppelt singen.

Spielanregung:
Nicht nur in der christlichen Kultur, auch in vielen anderen
Kulturen auf der Welt ist der Regenbogen nicht nur ein
Wetterphänomen, sondern beinhaltet auch eine religiöse
Symbolik.
Möglichkeiten der Umsetzung beim Singen des Liedes
während eines Kindergottesdienstes oder einer
Kindergartenfeier:
- Viele kleine Tücher in den Regenbogenfarben werden
von den Kindern auf dem Boden zu einem Regenbogen
gelegt.
- Zur Vorbereitung malen die Kinder mit Fingerfarbe einen
riesigen Regenbogen auf eine Tapetenbahn. Dieser Bogen
wird zerschnitten und während der Feier wird der
Regenbogen wieder zusammengefügt.
- Jedes Kind erhält ein Tuch in einer Regenbogenfarbe.
Dieses Tuch wird als Halstuch, Kopfschmuck usw.
getragen. Während des Liedes bilden die Kinder dann
einen Kreis und bewegen sich als geschlossener
Regenbogenkreis zum Lied.

Danke, Gott

Text und Musik: Stephen Janetzko; CD "Danke Gott"
© Edition SEEBÄR-Musik Stephen Janetzko, www.kinderliederhits.de

Refrain: Dan-ke, dan-ke, dan-ke, Gott, für die schö-ne Welt.
Dan-ke, dan-ke, dan-ke, Gott, weil du zu mir hältst.

1. Die Son-ne am Him-mel, der Mond und die Ster-ne.
Was nah und was fern ist, das ha-be ich ger-ne.
Al-les kommt von dir!
Refrain: Danke, danke, danke, Gott...

2. Der Vater, die Mutter,
die ganze Familie.
Der Bruder, die Schwester,
und Freunde, so viele.
Alles kommt von dir!
Refrain: Danke, danke, danke, Gott...

3. Das Obst und Gemüse,
die Kräuter der Erde.
Als Teil der Natur
danke ich dir so gerne.
Alles kommt von dir!
Refrain: Danke, danke, danke, Gott...

4. Ich spreche, ich laufe,
kann denken und essen.
Ich fühl mich so gut,
da mag ich nicht vergessen:
Alles kommt von dir!
Refrain: Danke, danke, danke, Gott...

5. Wenn wir uns verstehen,
auch wenn wir uns zanken.
Du bist immer da,
dafür will ich dir danken.
Alles kommt von dir!
Refrain: Danke, danke, danke, Gott...

Ich breite meine Flügel aus
(Schmetterlingslied und tanz)

Text: Rolf Krenzer; Musik: Stephen Janetzko; CD "In unserm Kindergarten"
© Edition SEEBÄR-Musik Stephen Janetzko; www.kinderliederhits.de

Tempo: ca. 150

1. Ich brei-te mei-ne Flü-gel nach bei-den Sei-ten aus und flie-ge wie ein
Schmet-ter-ling weit in die Welt hi - naus, ja, in die Welt hi - naus.
wie ein bun-ter Schmet-ter-ling weit

2. Ich flieg nicht gern alleine
   in dieser schönen Zeit.
   Flieg mit mir, bunter Schmetterling! Viel schöner ist's zu zweit!
   Flieg mit mir, bunter Schmetterling! Viel schöner ist's zu zweit!

3. Wir schaukeln über Blüten
   und wiegen uns im Wind.
   Es spürt doch jeder Schmetterling, wie schön die Tage sind.
   Es spürt doch jeder Schmetterling, wie schön die Tage sind.

4. Sind Schmetterlinge müde,
   dann ruhen sie sich aus.
   Doch bald fliegt jeder Schmetterling schon wieder weit hinaus,
   ja, bald fliegt jeder Schmetterling schon wieder weit hinaus.

Spielanleitung:
Zunächst fliegen wir allein, dann als Paare im Kreis herum. Wir wiegen uns im Wind, können auch unsere Partner tauschen, ruhen uns aus und fliegen wieder weiter.
Zwischen den einzelnen Strophen kann die Melodie wiederholt werden, damit den Schmetterlingen genügend Zeit zum behutsamen Fliegen bleibt.

Gemeinsam sind wir stark

Text und Musik: Stephen Janetzko; CD "Danke Gott"
© Edition SEEBÄR-Musik Stephen Janetzko, www.kinderliederhits.de

Refrain: Gemeinsam sind wir stark, gemeinsam packen wir es an. Und halten wir zusammen, geht alles gut voran.

1. Nein, du bist doch nicht allein; ich bin bei dir. Komm und reich mir deine Hand und geh mit mir. Zu zweit wolln wir gehn, und du wirst es sehn:

Refrain (2x): Gemeinsam sind wir stark...

2. ...zu dritt...
3. ...zu viert...
4. ...zu fünft...
6. ...zu sechst...
7. (bzw. letzte Strophe) ...ja, alle...

Spielanregung:
Ein einfaches Spiellied (wer es gern im religiösen Bereich einsetzen möchte, kann im 2. Teil des Refrains auch alternativ singen "Mit Gott an unsrer Seite, geht alles gut voran"). Alternativ gehts auch ohne Reim "geht alles wie von selbst".
Alle stehen im Kreis und fassen sich an den Händen. Ein Kind ist zunächst allein in der Mitte. In den Strophen tritt jeweils ein weiteres Kind aus dem Außenkreis hinzu; sie nehmen sich bei den Händen und gehn gemeinsam im Innenkreis. Zum Schluss (oder wenn der Außenkreis je nach Kinderzahl zu klein wird) bilden alle einen gemeinsamen Kreis.

Ein kleines Bienchen

Text: Herta Dieckhoff/Stephen Janetzko; Musik: Stephen Janetzko; CD "Früchte Früchte Früchte"
© Edition SEEBÄR-Musik Stephen Janetzko, www.kinderliederhits.de

Tempo: ca. 140

1. Ein kleines Bienchen, summ, summ, summ, fliegt immer um die Blüten rum, sucht sich die schönste Blüte aus und schleckt den Honig jetzt heraus, und schleckt den Honig jetzt heraus.

2. Dann fliegt sie weiter, hat die Wahl,
summ, summ summ, summ, im Sonnenstrahl.
Ein ganzer Schwarm tanzt in der Luft.
Riecht ihr nicht auch den Blütenduft?
Riecht ihr nicht auch den Blütenduft?

3. Du bist so schön, so friedlich, und
wenn du mal stichst, nicht ohne Grund.
Doch es tut weh und schmerzt auch sehr.
Nein, ich komm dir nicht in die Quer,
nein, ich komm dir nicht in die Quer.

4. Flieg schnell zur Blüte, die so schön.
Weil ich mit Honig uns verwöhn,
habe ich in der Winterzeit
auch ein Glas Honig stets bereit,
auch ein Glas Honig stets bereit.

5. Bienchen, nun ruh dich doch mal aus.
Triff deinen Freund im Wabenhaus.
Im Frühling wieder, summ, summ, summ,
fliegst immer um die Blüten rum,
fliegst immer um die Blüten rum.

Wir feiern jetzt ein Fest

Text: Werner Schaube; Musik: Stephen Janetzko; CD "Danke Gott"
© Edition SEEBÄR-Musik Stephen Janetzko, www.kinderliederhits.de

1. Wir feiern jetzt ein Fest und alle sind dabei; wir freuen uns, wir freuen uns und alle sind dabei, alle sind dabei.

2. Wir sehn einander an
und alle sind dabei;
wir freuen uns, wir freuen uns
und alle sind dabei.

3. Wir geben uns die Hand
und alle sind dabei,
wir freuen uns, wir freuen uns
und alle sind dabei.

4. Wir loben unsern Gott
und alle sind dabei;
wir freuen uns, wir freuen uns
und alle sind dabei.

Singhinweis: Ein ganz einfaches Lied z.B. zum Kindergottesdienst oder für bestimmte Feste im Kindergarten oder in der Gemeinde.
Die Strophen immer wiederholen.

In Gottes Welt, da ist es schön!
(Jahreszeiten-Lied)

Text und Musik: Stephen Janetzko; CD "Viel Glück und viel Segen"
© Edition SEEBÄR-Musik Stephen Janetzko, www.kinderliederhits.de

Refrain: In Gottes Welt, da ist es schön, das können alle Leute sehn. In Gottes Welt, ja, das ist klar, gibt es Spaß das ganze Jahr!

1. Im Frühling wächst die Blume schnell, und wir sind mit dabei.
Die ganze Welt wird grün und hell, und wir sind mit dabei.
Ich spring vor Freude in die Luft, genieße diesen Frühlingsduft! (ah! oh!)

Refrain: In Gottes Welt, da ist es schön...

2. Den Sommer macht die Sonne heiß,
und wir sind mit dabei.
Im Schwimmbad gibt es dann ein Eis,
und wir sind mit dabei.
Ich spring vor Freude in die Luft,
genieße diesen Sommerduft!

Refrain: In Gottes Welt, da ist es schön...

3. Im Herbst, da falln die Blätter dann,
und wir sind mit dabei.
Mein Drachen steigt, so hoch er kann,
und wir sind mit dabei.
Ich spring vor Freude in die Luft,
genieße diesen Herbstzeitduft!

Refrain: In Gottes Welt, da ist es schön...

4. Im Winter Ski und Rodel gut,
und wir sind mit dabei.
Ein Schneeanzug, der wärmt jetzt gut,
und wir sind mit dabei.
Ich spring vor Freude in die Luft,
genieße diesen Winterduft!

Refrain: In Gottes Welt, da ist es schön...

Spielanregung: Ein "anpassungsfähiges" freudiges Mitmach-Lied für alle Jahreszeiten.
In den Strophen passende Bewegungen machen: Wie eine Blume wachsen (aus der Hocke in den Stand schlängeln), in die Luft springen und dann am Ende kurz innehalten und den Jahreszeitenduft einschnuppern (bei "ah!" atmen wir tief ein, bei "oh!" wieder aus);
in den weiteren Strophen mit den Händen und Armen eine große Sonne malen, Eis schlecken; sich wie ein Blatt zu Boden fallen lassen, ein fliegender Drachen sein;
imaginär skifahren und gemütlich einkuscheln; im Refrain mitsingen und mitklatschen.

Wir können auch andere Varianten des Refrains singen:
- Im Kindergarten ist es schön...
- In unsrer Schule ist es schön...
- In meiner Welt, da ist es schön...
- Auf unsrer Erde ist es schön...
- In der Natur, da ist es schön...
- Die Jahreszeiten sind so schön...

Nach oben nach unten!

Text und Musik: Stephen Janetzko; CD "Hoch wie ein Flummi"
© Edition SEEBÄR-Musik Stephen Janetzko, www.kinderliederhits.de

Tempo: ca. 168

Nach o-ben, nach un-ten, nach links und nach rechts! Nach vor-ne, nach
Nach o-ben, nach un-ten, nach links und nach rechts! Nach vor-ne, nach

hin-ten und wie-der zu-rück! So ge-hen wir wei-ter im Krei-se ein Stück.
hin-ten und wie-der zu-rück! La la ...

Nach oben, nach unten, nach links und nach rechts!
Nach oben, nach unten, nach links und nach rechts!
Nach vorne, nach hinten und wieder zurück!
Nach vorne, nach hinten und wieder zurück!
So gehen wir weiter im Kreise ein Stück.
La la...

Spielanregung:
Ein ganz einfaches Bewegungslied für die Kleineren.
Wir stehen im Kreise und machen die Bewegungen
(strecken, hocken, vor- und zurückbeugen) mit, danach
fassen wir ans an die Hände und gehen ein Stück im
Kreis (auch als Polonäse möglich).

Joe, der Astronaut

Text und Musik: Stephen Janetzko; CD "Seeräuber Wackelzahn"
© Edition SEEBÄR-Musik Stephen Janetzko, www.kinderliederhits.de

Tempo: ca. 160

Refrain: Joe, der Astronaut, der hat sich was getraut. Der fliegt zum Mond und wieder her, das fällt ihm gar nicht schwer.
Joe, der Astronaut, der hat sich was getraut. Der fliegt zum Mond und wieder her, der Mond gefällt ihm sehr.

1. Joe liebt alle Kinder, hat keinen Zylinder, dafür einen Weltraumhut, der steht ihm ziemlich gut. Hunderttausend Sterne, Joe hat alle gerne. Er fliegt um die ganze Welt, durchbricht das Himmelszelt.

Refrain: Joe der Astronaut...

2. Joe fliegt oft alleine, sammelt Weltraumsteine,
schaut sich gern die Erde an und fängt zu tanzen an.
Und in der Rakete gibt's 'ne Riesenfete -
schwerelos durch Raum und Zeit und niemand weit und breit.

Refrain: Joe der Astronaut...

3. Wenn er unterwegs ist oder einen Keks isst,
träumt er, das weiß ich genau, von einer Sternenfrau.
Trifft er dann den Mondmann, der sich grade schont, dann
trinken sie ne Tasse Tee, denn auf dem Mond liegt Schnee!

Refrain: Joe der Astronaut...

4. Manchmal muss Joe grübeln, wer will's ihm verübeln?
Denn er ist allein gestellt in dieser großen Welt.
Schaut er aus dem Fenster, schwinden die Gespenster.
Lachen kann er laut und froh. Ja, das ist unser Joe!

Refrain: Joe der Astronaut...

Ich liege auf der Wiese
(Kinder-Entspannungs-Lied)

Text und Musik: Stephen Janetzko; CD "Kindertanz - beweg dich ganz!"
© Edition SEEBÄR-Musik Stephen Janetzko, www.kinderliederhits.de

2. Ich schließe meine Augen und atme tief:
Ein... aus... ein... aus... ein... aus... ein... aus...
Das ist so schön gemütlich, ich bin ganz ruhig und friedlich:
Es geht mir gut!

3. Ich spür die warme Sonne und atme tief:
Ein... aus... ein... aus... ein... aus... ein... aus...
Das ist so schön gemütlich, ich bin ganz ruhig und friedlich:
Es geht mir gut!

4. Ich spür die frischen Gräser und atme tief...
5. Ich fühle mich geborgen und atme tief...

Spielanregung:
Ein Entspannungs-Lied für Kinder für Außen und Innen.
Bitte einen angenehmen und ruhigen sowie möglichst naturnahen Ort wählen
(am schönsten ist es sicher draußen auf einer warmen Sommerwiese).
Die Kinder legen sich auf den Rücken und folgen den Anweisungen
der einzelnen Strophen.
Das Lied kann je nach Alter und Konzentrationsfähigkeit der Kinder
angepasst werden, dies hier ist die auf der o.g. CD verwendete Kurzfassung.
Vorweg und/oder im Anschluss kann eine kleine altergerechte
Fantasiereise gemacht werden.
Evtl. als Abschluss:
6. Ich will mich noch mal strecken und atme tief...

Weitere CD-Empfehlungen:

Stephen Janetzko - CD „Jesus, Bartimäus, Zachäus & Co - Lieder zu Bibel-Geschichten"

13 neue Spiel-Lieder für die Kinderkirche.
Leicht lernbare Lieder zu biblischen Geschichten & alle Playbacks.
Ideal für Kindergarten, Schule, Religionsunterricht, Kommunionvorbereitung, Konfirmation, Gruppen, Gottesdienst, Kinderkirche usw.

Inhalt der CD - alle Lieder:

1. Wir wandern nach Jerusalem 2:04
2. Rings herum ist dunkle Nacht (Blinden-Spiellied) 1:58
3. Jesus und der Gelähmte 2:57
4. Komm mit, wir wollen Freunde sein (Menschenfischer-Lied) 2:31
5. Hochzeit ist in Kana 3:02
6. Wir geben unser Kind in deine Hände (Tauflied) 2:26
7. Die Arbeiter im Weinberg 2:52
8. Nur 5 Brote und 2 Fische (Die Speisung der 5.000) 3:22
9. Der barmherzige Samariter 3:37
10. Der verlorene Sohn (Ein Bauernsohn verlässt das Haus) 1:58
11. Zachäus wollte Jesus sehn 2:55
12. Auf dem See Genezareth 2:56
13. Vater unser (Janetzko) 1:56

Playbacks / Karaokeversionen:

14. Wir wandern nach Jerusalem - Instrumental/Karaokefassung 2:04
15. Rings herum ist dunkle Nacht (Blinden-Spiellied) - Instrumental/Karaokefassung 2:00
16. Jesus und der Gelähmte - Instrumental/Karaokefassung 2:58
17. Kommt mit, wir wollen Freunde sein (Menschenfischer-Lied) - Instrumental/Karaokefassung 2:3
18. Hochzeit ist in Kana - Instrumental/Karaokefassung 3:03
19. Wir geben unser Kind in Deine Hände (Tauflied) - Instrumental/Karaokefassung 2:26
20. Die Arbeiter im Weinberg - Instrumental/Karaokefassung 2:53
21. Nur fünf Brote und zwei Fische (Die Speisung der Fünftausend) - Instrumental/Karaokefassung 3:24
22. Der barmherzige Samariter - Instrumental/Karaokefassung 3:39
23. Ein Bauernsohn verlässt das Haus (Der verlorene Sohn) - Instrumental/Karaokefassung 1:57
24. Zachäus wollte Jesus sehn - Instrumental/Karaokefassung 2:56
25. Auf dem See Genezareth - Instrumental/Karaokefassung 2:57
26. Vater unser (Janetzko) - Instrumental/Karaokefassung 1:55

Gesamtspieldauer: ca. 70:10 min.
Die Playbacks (Titel 14-26) sind mit einer Melodieführung versehen und können so auch als Musikbegleitung z.B. in der Kirche eingesetzt werden.

Bestellnummer 91033-245 - ISBN 978-3-940918-93-2
INFO & SHOP: www.kinderliederhits.de
© SEEBÄR-Musik (Labelcode LC 05037)

Weitere CD-Empfehlungen:

Stephen Janetzko - CD „Danke Gott"
Neue religiöse Kinderlieder von & mit Stephen Janetzko

Hier finden sich 20 schöne neue Lieder für Kindergarten, Gottesdienst, Schule & Zuhause.
Die Lieder haben einfache, leicht lernbare Texte und Melodien und können gut z.B. einfach mit Gitarre begleitet werden – mit Texten von Rolf Krenzer, Werner Schaube und Stephen Janetzko. Die Melodien stammen alle von Stephen Janetzko, der hier zudem neue Fassungen des altbekannten 4-stimmigen Kanons „Froh zu sein bedarf es wenig" für alle Gelegenheiten präsentiert. Als Bonus-Lied gibt es das „Vater unser" in einer neuen Version mit dem unverändertem Text aus der Liturgie und mit einer Melodie von Stephen Janetzko.

CD-Inhalt (Lieder):

1. Danke, Gott (für die schöne Welt)
2. Wir feiern jetzt ein Fest
3. Guten Morgen, liebe Leute
4. Gemeinsam sind wir stark
5. Gott ist die Liebe (3-stimmiger Kanon)
6. Mit Gott erlebst du was!
7. Ein bunter Regenbogen (2-stimmiger Kanon)
8. Viele kleine Leute (Eine Handvoll Sonnenschein)
9. In Gottes schöne Welt
10. Gott ist überall (Kanon mit Bewegungen)
11. Johanni (Kanon zur Sommersonnenwende, 24.6. Johanni-Tag)
12. Segne unser Essen
13. Tu da, wo du bist (3-stimmiger Kanon)
14. Wir wollen danken
15. Gott, ich will dir danken (Danklied - Lied zu Erntedank)
16. Michaeli, Michaeli (29.9. Tag der Engel)
17. Sankt Martin ist da (11.11.)
18. Auf allen Wegen (Segenslied - 2-stimmiger Kanon)
19. Lieber Gott wie 1000 Sterne
20. Heute ist so viel geschehn (Lied zur guten Nacht)
21. Bonus: „Vater unser" mit neuer Melodiefassung

Bestellnummer 91033-45 - **ISBN 978-3-932455-84-1**
INFO & SHOP: www.kinderliederhits.de
© SEEBÄR-Musik (Labelcode LC 05037)

... ebenfalls als Liederbuch erhältlich!

Weitere CD-Empfehlungen:

Stephen Janetzko & Freunde
CD EIN BISSCHEN SO WIE MARTIN - 22 Lieder zum Laternenfest & Sankt Martin

Neue & alte, stimmungsvoll arrangierte Martins- & Laternenlieder von & mit Stephen Janetzko mit Texten von Elke Bräunling, Erwin Grosche, Rolf Krenzer u.a.
Mit dem bekannten Titellied "Ein bisschen so wie Martin" (Text: Elke Bräunling - Musik: Paul G. Walter - Verlag: Edition Seebär-Musik Stephen Janetzko).
Inkl. der beiden Martinsspiele „Das Spiel vom Teilen" & „Das Laternenfest" von Elke Bräunling (im Booklet). Mit weiteren Songbeiträgen von Kati Breuer, Taato Gomez, Hermann Heimeier, Ottmar Liedl (Kinderclown OLi) & Heiner Rusche.

Alterszielgruppe ca. 2-9 Jahre/ Spieldauer ca. 66:03 min. - Best.-Nr. 91033-276,
ISBN 978-3-941923-92-8
INFO & SHOP: www.kinderliederhits.de
© SEEBÄR-Musik (Labelcode LC 05037)

Alle Lieder der CD:

1. Ein bisschen so wie Martin - Stephen Janetzko 3:40
2. Sankt Martin ritt durch Schnee und Wind - Stephen Janetzko 3:09
3. Ich schenk dir einen Stern (Sternenkinder-Lied) - Stephen Janetzko 3:04
4. Teilen, Teilen - Stephen Janetzko 1:04
5. Martin, lieber Martin - wir wollen sein wie du - Stephen Janetzko 2:50
6. Teilen wie St. Martin (Sonne, Mond und Sterne) - Stephen Janetzko 2:14
7. Laterne, Laterne, Sonne, Mond und Sterne (1) - Stephen Janetzko 0:16
8. Heute ist St. Martinstag - Stephen Janetzko 2:29
9. Laterne, Laterne, komm leuchte für mich - Stephen Janetzko 4:09
10. Wenn wir mit den Laternen gehn (Lied zum Laternenfest) - Stephen Janetzko 1:57
11. Laterne, Laterne, Sonne, Mond und Sterne (2) - Stephen Janetzko 0:16
12. Laternenlicht, Laternenlicht - Stephen Janetzko 2:28
13. Eine Laterne basteln wir - Heiner Rusche 3:02
14. Laternen leuchten hell - Stephen Janetzko 3:57
15. Laterne, Laterne, Sonne, Mond und Sterne (3) - Stephen Janetzko 0:15
16. Brenn, Laterne - Stephen Janetzko 3:46
17. Das Licht geht auf die Reise - Kati Breuer 2:48
18. Laterne, Laterne, Sonne, Mond und Sterne (4) - Stephen Janetzko 0:16
19. Martins Mantel - Stephen Janetzko 1:51
20. Sankt Martin ist da - Stephen Janetzko 1:49
21. Wir tragen die Laternen, so bunt - Hermann Heimeier 2:42
22. Ich geh mit meiner Laterne - Stephen Janetzko 3:38
23. Laterne, Laterne, Sonne, Mond und Sterne (5) - Stephen Janetzko 0:16
24. Sankt Martin - Ottmar Liedl (Kinderclown Oli) 4:47
25. Dreh dich, Laterne (Laternentanz) - Stephen Janetzko 2:30
26. Wie Martin - Taato Gomez & Stephen Janetzko 4:20
27. Laterne, Laterne, Sonne, Mond und Sterne - Stephen Janetzko 2:14

Weitere CD-Empfehlungen:

Kati Breuer: **CD Sankt Martin ritt durch Schnee und Wind**
- Die 25 schönsten Laternenlieder

DIE Laternen-CD zu Sankt Martin für alle Kindergruppen und zu Hause!

Stimmungsvoll arrangiert und gesungen von Kati Breuer und mit vielen fröhlichen Kinderstimmen. **Mit den 25 bekanntesten traditionellen sowie neuen Laterne-Liedern** u.a. von Elke Bräunling, Kati Breuer, Lieselotte Holzmeister, Stephen Janetzko, Peter Janssens, Detlev Jöcker, Richard Rudolf Klein, Rolf Krenzer, Klaus Neuhaus, Paul G. Walter und Rolf Zuckowski.

Zielgruppe ca. 2-9 Jahre/ Spielzeit ca. 66:17 min.
Best.-Nr. 91033-284 / ISBN 978-3-95722-059-2

Alle Lieder der CD:
1. Sankt Martin ritt durch Schnee und Wind
2. Laterne, Laterne, komm, leuchte für mich
3. Laterne, Laterne, Sonne, Mond und Sterne
4. Das Licht geht auf die Reise
5. Ich geh mit meiner Laterne
6. Ein bisschen so wie Martin
7. Brenn, Laterne
8. Kommt, wir wolln Laterne laufen
9. Laternenzeit, Laternenzeit
10. Durch die Straßen auf und nieder
11. Martinslied (Laterne, leuchte, leuchte hell)
12. Ein armer Mann (Sankt Martins Lied)
13. Laterne - zeige mir den Weg
14. Purzmurzel (Ein neues Laternenlied)
15. Wir tragen unsre Laternen (Laternenlied)
16. Abends, wenn es dunkel wird
17. Kleines Laternenlied
18. Ich hab eine feine Laterne
19. Hoch über uns die Sterne (Sankt Martin)
20. Licht in der Laterne
21. Meine Laterne
22. Guten Abend, lieber Mond
23. Ich schenk dir einen Stern (Sternenkinder-Lied)
24. Nimm deine Träume
25. Laternchen (Laternchen-Lied).

Die Texte der Lieder 1-6 befinden sich zusätzlich zum Mitsingen im Booklet, *das **vollständige Liederbuch** mit allen Texten, Noten und Gitarrengriffen zum Mitsingen und Mitspielen sowie eine Instrumentalausgabe sind neben dieser Gesangsfassung separat erhältlich.*

Zusätzlich erhältlich als Instrumentalausgabe:
Kati Breuer: CD Sankt Martin ritt durch Schnee und Wind - Die 25 schönsten Laternenlieder - Instrumental (Karaoke-Version), Best.-Nr. 91033-285 / ISBN 978-3-95722-062-2

Raum für eigene Notizen:

www.kinderliederhits.de

Stephen Janetzko

(Autor, Liedermacher und Verleger)

Mit einer 20-minütigen MC „Der Seebär" fing alles an, heute sind es weit über 600 Kinderlieder, die der gebürtige Hagener Liedermacher bereits auf über 50 CDs und in zahllosen Liedsammlungen veröffentlicht hat. Viele davon, wie „Hallo und guten Morgen", „Wir wollen uns begrüßen", „Augen Ohren Nase", „Das Lied von der Raupe Nimmersatt", „Hand in Hand" oder „In meiner Bi-Ba-Badewanne", werden heute gesungen in Kindergärten, Schulen und überall, wo Kinder sind.

... mehr Info, mehr CDs, mehr Lieder & Noten:
www.kinderliederhits.de

Alle Rechte vorbehalten.

Dieses Werk ist urheberrechtlich geschützt. Jegliche Vervielfältigung und Verwertung ist nur mit Zustimmung der Autoren bzw. des Verlags zulässig. Das gilt insbesondere für Übersetzungen, die Einspeicherung und Verarbeitung in elektronischen Systemen sowie für das öffentliche Zugänglichmachen wie zum Beispiel über das Internet.
Ein Nachdruck oder eine Weiterverwertung ist nur mit schriftlicher Genehmigung des Verlags möglich.

© Verlag Stephen Janetzko, **www.kinderliederhits.de**

www.ingramcontent.com/pod-product-compliance
Lightning Source LLC
Chambersburg PA
CBHW081505040426
42446CB00016B/3408